Sicher ist sicher. Bei aller Sorgfalt, die wir in der Recherche haben walten lassen, können sich Öffnungszeiten auch einmal kurzfristig ändern, oder ein Lokal ist gerade an Ihrem perfekten Barcelona Wochenende ausgebucht oder geschlossen. Darum empfehlen wir grundsätzlich möglichst weit im Voraus zu reservieren. Ein kurzer Anruf genügt und Sie können sicher sein zur vereinbarten Zeit einen Platz zu finden.

für die Süddeutsche Zeitung Edition 2007
in Kooperation mit smart-travelling GbR, Berlin
Reihe „Ein perfektes Wochenende in ...“

Idee und Konzept: Nicola Bramigk, Nancy Bachmann
Texte: Judith Homoki Fotos: Katharina Gossow

Projektleitung: Dirk Rumberg; Produkt Manager: Gabriella Hoffmann
Umschlaggestaltung: Verena Bettin, e27, Eberhard Wolf
Art Direktion: Verena Bettin, e27, Judith Homoki Illustration: Verena Bettin
Produktion: JournalMedia GmbH, München
Redaktion: Nicola Bramigk, Nancy Bachmann, Renate Bugyi-Ollert

Herstellung: H. Weixler, T. Neseker
Druck und Bindung: Holzhausen Druck & Medien GmbH, Wien

Printed in Austria
2. aktualisierte Auflage 2008

ISBN: 978-3-86615-423-0

SMART
TRAVELLING

EIN PERFEKTES WOCHENENDE IN …
BARCELONA

www.smart-travelling.net

LIEBLINGSADRESSEN IN BARCELONA

Hotel: Hotel Pulitzer
Bergara, 8
Tel: 0034 93 4816767
Seite 9

Hotel: Banys Orientals
Argenteria, 37
Tel: 0034 93 26888460
Seite 15

Bed&Breakfast: The 5 Rooms
Pau Claris, 72, 1°
Tel: 0034 93 3427880
Seite 19

Restaurant: 7 Portes
Pg. d'Isabel II, 14
Tel: 0034 93 3193033
Seite 25

Restaurant: Comerç24
Comerç, 24
Tel: 0034 93 3192102
Seite 35

Restaurant: Cal Pep
Plaça de les Olles, 8
Tel: 0034 93 3107961
Seite 43

☞ Weitere Adressen finden Sie unter www.smart-travelling.net

Restaurant: Pinotxo Bar

Mercat de la Boqueria, Parada 466–470

Rambla St. Josep, Tel: 0034 93 3171731

Seite 53

Restaurant: Plata Bar

Mercè, 28

Seite 65

Café: Granja M. Viader

Xuclá, 4–6

Tel: 0034 93 3183486

Seite 71

Bar: Boadas

Tallers, 1

Tel: 0034 93 3188826

Seite 79

Shop: Colmado Quilez

Rambla Catalunya, 63

Tel: 0034 93 2152356

Seite 85

Gut zu wissen

Tipps, Ausflüge, Spaziergänge

Seite 89

ES LEBE DAS LEBEN!

Also dann, tief Atem holen und rein. Denn Barcelona ist keine Stadt zum Betrachten, Bewundern und Bestaunen, die richtige Perspektive gewinnt nur, wer sich selbst in Bewegung setzt. Mit entsprechendem Tempo, bitte. Müßiggang ist hier fehl am Platze. Geruhsamkeit konnte man sich hier noch nie leisten.

Denn Leben hieß in Barcelona Jahrhunderte lang immer auch Überleben, im Kampf gegen Invasoren, lähmende Handelseinschränkungen und systematisches staatliches Mobbing durch das zentralistische Madrid. Erst in den 80er Jahren nach Francos Tod durfte die Stadt endlich wieder auferstehen und sie tat es, mit ungeheurer schöpferischer Energie. Die Welt sah staunend dabei zu und pünktlich zur Olympiade 1992 hatte sich Barcelona einmal mehr selbst erfunden.

Was gedacht werden kann, muss auch gemacht werden, scheint als Motto über der Stadt zu schweben, und es gilt nicht nur für die spektakulären Werke des Architekten Antoni Gaudí. Die Barcelonesen suchen sich immer wieder neue Spielwiesen und toben sich auf ihnen aus. Dabei stoßen sie gerne an die Grenzen des bisher Vorstellbaren. Waren es in den 80er Jahren Industrie-Designer und in den 90ern Modemacher, so sind es heute katalanische Köche, die weltweit Furore machen und alle Konventionen auf den Kopf stellen.

Was kommt wohl als Nächstes? Finden Sie es heraus, erleben Sie es selbst. Und bitte keine Berührungsängste, das Beste, was Ihnen passieren kann, ist voller neuer Eindrücke und restlos inspiriert wieder nach Hause zu fahren.

HOTEL PULITZER

HOTEL PULITZER

Entscheidend für die Eroberung Barcelonas ist die Stelle, an der man sein Basislager aufschlägt. Rein strategisch gibt es keine günstigere Position als die Plaça de Catalunya. Von hier aus führt die Flaniermeile Rambles in Richtung Süden zum Meer, und der prachtvolle Boulevard Passeig de Gràcia quer durch die Stadt in Richtung Norden zu den Bergen. Auch wenn diese noch einige Kilometer entfernt sind, dienen sie den Barcelonesen als wichtigste Koordinaten, um ihre Position in der Stadt zu bestimmen.

Mar y Muntanya, Meer und Berge, das Hotel Pulitzer liegt perfekt dazwischen. Der spanische Star-Innenarchitekt Lázaro Rosa Violán hat das frühere Kino in eine Oase des guten Geschmacks verwandelt. Großzügig, chic, bequem. Warme Elemente wie die alte prächtige Rezeption lassen nie ein Gefühl von Design-Kühle entsteht. Die Räume wirken offen und einladend, wie eine moderne Version eines Gentleman Clubs. Hier hält man sich gerne auf. Im Sommer lockt zudem die herrliche Dachterrasse mit kleiner Bar und einem Blick über die Stadt.

Die Zimmer selbst sind ebenso schön und stilsicher eingerichtet, aber im Vergleich zur Großzügigkeit des Entrees eher klein. Eine Tatsache, die man gerne verzeiht, da sie die Lage und den 4-Sterne-Komfort erschwinglich macht.

Hotel Pulitzer Adresse: Bergara, 8, Barcelona Tel: 0034 93 4816767
Email: info@hotelpulitzer.es Internet: www.hotelpulitzer.es
Zimmer: 92 DZ ab 120 Euro (Nebensaison) – 350 Euro (Hauptsaison)

HOTEL

Banys Orientals

Die beeindruckenden Fassaden und spitzen Giebel der alten gotischen Häuser im Viertel Born haben sich in den letzten Jahren nach und nach mit neuem Leben gefüllt. In den verwinkelten Gassen sind eine Vielzahl von neuen Cafés, Geschäften, Restaurants und Museen entstanden. Dazu gehört auch das Banys Orientals. Dem Stil des Viertels entsprechend verbindet es Tradition und modernes Design zu einem erschwinglichen Angebot. In dem wunderschönen Atrium, in dem sich auch das bekannte Restaurant Senyor Parellades befindet, wird das Frühstück serviert. Die Zimmer sind hell und freundlich, mit viel weißem Leinen, Akzenten in dunklem Holz und netten Details. Die charmanten Doppelzimmer befinden sich im Hauptgebäude, zusätzlich verfügt das Banys über 13 Apartments, die in benachbarten und umliegenden Gebäuden verteilt sind. Wir empfehlen die Zimmer im Haupthaus oder die Suiten im modern renovierten Nachbarhaus. Seit langem planen die Besitzer die Eröffnung eines orientalischen Bades, doch schon jetzt ist das Banys Orientals lange im Voraus ausgebucht. Darum sollten Sie dringend rechtzeitig reservieren.

Banys Orientals Adresse: Argenteria, 37, Barcelona
Tel: 0034 93 26888460 Email: reservas@hotelbanysorientals.com
Internet: www.hotelbanysorientals.com Zimmer: 39 DZ ab 100 Euro und 13 Apartments ab 130 Euro, Frühstück für 10 Euro

170
160
150

the 5 rooms

THE 5 ROOMS

Natürlich ist Barcelona voller phantastischer Gebäude, Museen und Restaurants, und selbstverständlich werden Sie, nicht zuletzt dank der Hilfe dieses kleinen Büchleins noch viel mehr schöne Dinge in dieser Stadt entdecken, aber wäre es nicht wirklich toll hier bei echten Barcelonesen zu Gast zu sein? Jemandem, der eine helle großzügige Wohnung in einem dieser phantastischen Altbauten aus der Jahrhundertwende sein Eigen nennt, in dem vielleicht sogar ein schönes einladendes Gästezimmer auf Sie wartet? Nun, in der Stadt der Wunder ist auch dieses möglich.
Zwei Ecken von der Plaça de Catalunya entfernt hat die junge Designerin Yessica Delgado Fritz diesen Traum für Barcelona-Besucher wahrgemacht. Mit viel Liebe zum Detail hat sie das exklusive Bed & Breakfast the 5 rooms geschaffen, mit fünf hellen, geschmackvoll gestalteten Zimmern, rohen Backsteinwänden, Holzböden und edlen Badezimmern mit Mosaiksteinen. An dem großen gemeinsamen Tisch im offenen Essraum wird das Frühstück zelebriert. Und während man in luftig leichte *Ensamadas* beißt, erfährt man von Yessica, welche Ausstellungen, Shops, Clubs oder Restaurants heute unbedingt auf dem Besuchs-Programm stehen sollten. Luxuriöserweise geschieht das alles in fließendem Deutsch, denn die gebürtige Deutsche ist in Barcelona aufgewachsen.

The 5 Rooms Adresse: Pau Claris, 72, 1°, Barcelona
Tel: 0034 93 3427880 Email: info@the5rooms.com
Internet: www.the5rooms.com Zimmer: DZ ab 145 Euro mit Frühstück

Wie willst du weiße Lilien

-2005
lona
your
Presence.
Barry
ΕΡΩΣ ΑΝΙΚΑΤΕ ΜΑΧΑΝ
Σοφοκλής
Αντιγόνη

Ein Gespräch mit Yessica Delgado Fritz

Inhaberin von the 5 rooms

Was lieben Sie ganz besonders an Barcelona?

Die Stadt ist sehr frisch, wandelt sich ständig, ist sehr kosmopolitisch. Sie überrascht mich oft, weil sie sich ständig verändert und weiterentwickelt. Auch ich entdecke die Stadt immer wieder neu. Jetzt natürlich auch mit den Augen meiner Gäste.

Was kann man nirgendwo besser genießen als in Barcelona?

Die Kombination Leben am Meer und in der Großstadt. Du verbringst einen ganz normalen Vormittag im Büro, gehst mittags den frischesten Fisch essen, legst Dich dann für eine Siesta an den Strand und gehst abends vielleicht auf eine coole Vernissage. Das alles spielt sich im Umkreis von zwei bis drei U-Bahn-Stationen ab.

Wohin gehen Sie immer wieder gerne?

Auf den Boqueria Markt, hier bin ich fast täglich, der beste Ort der Welt, um frische Lebensmittel zu kaufen und natürlich auch um zu essen, ich verlasse den Markt nie, ohne irgendwo eine Kleinigkeit an einem der Stände probiert zu haben.

Ein Gast hat nur noch 2 Stunden für ein besonderes Erlebnis, bevor er zum Flieger muss, was empfehlen Sie ihm?

Die *Fondació Tàpies* hier um die Ecke, sie ist in einem der wenigen Industriebauten des Eixamples untergebracht, einer ehemaligen Druckerei. Hier kann man das Werk von Antoni Tàpies bewundern, es gibt aber immer auch noch mehr zu sehen, wechselnde Ausstellungen, Filme, Lesungen. Wenn dann noch Zeit sein sollte, setzt man sich einfach auf die Terrasse des Café Zürich an der Plaça de Catalunya, da wird es einem nie langweilig und der Flughafen-Bus fährt gleich gegenüber ab.

7 PORTES

In jeder großen Stadt gibt es ein Restaurant, das mehr als alle anderen die Geschichte und die Seele der Stadt in sich trägt. In Barcelona ist es seit 170 Jahren unangefochten das 7 Portes. Ein Blick und man spürt sofort, dass man hier richtig ist, gestärkte Tischdecken, dunkle, eng mit Bildern behängte Wände, dichtes Stimmengewirr, Lachen und Tellerklappern. Ein paar Geschäftsleute hier, eine große Familienfeier links in der Ecke, direkt am Eingang in einer riesigen Vitrine körbeweise frischer Fisch und Meeresfrüchte auf Eis, Kellner flitzen mit Platten umher, die Atmosphäre ist dicht, authentisch und fühlt sich einfach richtig an. Wer mitmachen will, ist willkommen für einen Abend ein Teil zu sein, wie einst Picasso, Dalí, Miró, die Callas, Orson Welles und viele, viele andere, die hier schon ihre Mariscos schlürften. Hier darf man es sogar wagen eine Paella zu bestellen, denn die Köche im 7 Portes verstehen sie zuzubereiten, in täglich mindestens sechs Varianten. Auch ihre nahen Verwandten, der *Arrós negre* und die *Fideuá*, sind sehr zu empfehlen, genau wie der Fisch, der nirgendwo geschickter am Tisch entgrätet wird als hier. Wer etwas weniger Trubel wünscht, dem öffnen sich im 7 Portes zwei besondere Türchen, sie gehören zu zwei romantischen Separees, in rotem oder in grünem Samt. Geschützt vor neugierigen Blicken muss hier nur mit dem gelegentlichen Besuch des Kellners gerechnet werden.

7 Portes Adresse: Pg. d'Isabel II, 14, Barcelona
Tel: 0034 93 3193033 Internet: www.7puertas.com
Öffnungszeiten: Täglich 13.00 – 1.00 Uhr

Ruinart

Ein Gespräch mit Jesús Quilez

Manager von 7 Portes

Wie gelingt es Ihnen, diese einmalige persönliche Atmosphäre von 7 Portes jeden Abend neu zu erschaffen?

Ich denke, das liegt hauptsächlich an den Menschen, die hier arbeiten, fast alle Service-Kräfte sind schon seit mehr als 25 Jahren bei uns, einige in der zweiten Generation, es ist für sie mehr als nur ein Job, das schafft natürlich ein gutes Arbeitsklima und eine gute Atmosphäre.
Unsere Stammgäste, aber auch Reisende, die uns häufiger besuchen, schätzen es, die vertrauten Gesichter über all die Jahre immer wieder zu sehen. So entsteht ein Gefühl nach Hause zu kommen, selbst in einer fremden Stadt.

Wie beschreiben Sie Ihr Motto im Umgang mit Ihren Gästen?

Wir behandeln alle Gäste gleich umsichtig, ob sie sich eine Paella teilen und Wasser dazu trinken oder ob sie die ganze Karte ordern und in Cava baden. Ein Essen bei uns ist nicht überteuert. Jeder soll es sich leisten können zu einem besonderen Anlass hier essen zu gehen.

Wo sitzen Sie im Restaurant am liebsten?

Vorne im Saal links, da ist es am lebendigsten, man hat alles gut im Blick und wird auch selber gesehen.

Welches sind Ihre beliebtesten Gerichte auf der Karte?

Die Paella als Hauptgang und als Vorspeise die Anchovis mit *pan tomate* und die frittierten Fischbällchen *Bunyols de Bacallà*.

Und der passende Wein dazu?

Der *Blanco Fransola Torres*, hervorragend zur Paella und zum Fisch, er wird sehr jung getrunken und kostet nicht die Welt.

☞ Paella

Bei der Paella liegen höchste Gaumenfreude und tiefste Enttäuschung leider ungeheuer eng beieinander. Idealerweise sollte man sie an einem schönen Sonntagnachmittag im Kreise einer valencianischen Familie genießen. Denn aus Valencia stammt die ursprüngliche Form der Paella, Reis, mundgerecht gehackte Kaninchenstücke, Safran und feine, knackige, grüne Böhnchen, alles in einer Eisenpfanne mit markanten Griffen über glühenden Holzkohlen im Freien zubereitet.
Weil sie nicht nur lecker schmeckt, sondern auch ungeheuer attraktiv aussieht, verbreitete sie sich schnell über der ganzen Halbinsel und wurde bald Spaniens heimliche Leibspeise. So sahen es zumindest die ersten Charterflieger, die in den 70er Jahren an Spaniens Küsten eintrafen. „Que viva España" sang Udo Jürgens, Paella, Sangria und ein kleiner grauer Esel gehörten obligatorisch dazu. Das alles hat der Paella nicht gut getan, es begann die Entfremdung vom sonntäglichen Idyll, plötzlich war sie in jedem Touristen-Restaurant zu haben und verkam vielerorts zu einem geschmacklich fragwürdigen, gesundheitlich bedenklichen Lebensmittelfarbe-Reis-Gemisch.
Nur gut, dass wir Ihnen diese kulinarische Enttäuschung ersparen können. Auch wenn Sie nicht am Sonntag bei einer katalanischen Familie zu Gast sind, so können Sie im 7 Portes zumindest erleben, wie es wäre. Hier werden die Paellas, sei es nun die pure valencianische oder die üppige Variante mit zusätzlichem Huhn und Meeresfrüchten zubereitet, wie es sich gehört: auf offener Flamme, mit besten Zutaten und echtem Safran.

Paella

Olivenöl in der Pfanne erhitzen, erst etwas Knoblauch, dann die Riesengarnelen hineingeben, anbraten, herausnehmen, zur Seite stellen.
Im gleichen Öl nacheinander die Kaisergranate und die Tintenfische separat braten. Dann das restliche Öl und den restlichen Knoblauch in der Pfanne anbraten. Zwiebeln, Paprika und Tomaten dazu und alles ca. 3 Minuten schmoren. Den gewaschenen Reis hineingeben, unter Rühren etwas anziehen lassen. Fischfond angießen. Safran darüberstreuen, salzen und pfeffern. Bohnen und Tintenfisch unter den Reis heben, Granat und Garnelen eindrücken, so dass sie tief im Reisbett liegen. Die gewaschenen Miesmuscheln mit der Spitze nach oben am Rand der Pfanne tief in den Reis drücken. Pfanne mit Alufolie abdecken und 30 Minuten auf Holzkohlenfeuer, mittlerer Herdflamme oder im Backofen bei ca. 140 Grad garen. Eventuell Brühe zugießen, bis der Reis gar ist. Vor dem Servieren 10 Minuten ruhen lassen.

Die Paella kann auch mit Hähnchen oder Kaninchenstücken, Fischfilet, Chorizo-Scheiben, Schnecken oder Schweinefleisch zubereitet werden.

100 ml Olivenöl
2 reife Tomaten, gehäutet und in Würfel geschnitten
1 kleine Zwiebel
1 rote Paprika, in Würfel geschnitten
4 Knoblauchzehen, fein gehackt
4 Riesengarnelen, nicht vorgekocht
4 Kaisergranate, nicht vorgekocht
200 g Tintenfischringe
250 g Miesmuscheln
200 g grüne Bohnen in mundgerechten Stücken
400 g Rundkornreis
1 g Safranfäden
1,5 l Fischfond oder Hühnerbrühe
Salz, Pfeffer

Eine Paella-Pfanne aus rundem Eisen von mindestens 40 cm Durchmesser

Comerç24

Wenn Sie Ihren Gaumen in Barcelona einmal richtig ausführen wollen, bringen Sie ihn in die Calle Comerç 24, in das Restaurant von Carles Abellan. Hier steigt jeden Abend eine Party aus sieben oder neun Gängen. Das Design ist modern und behaglich, die Bedienung smart, die Musik etwas lauter als erwartet und die Stimmung immer prächtig.

Der Grund zum Feiern ist klar: Die Küche von Carles Abellan. Neugierig, geschmacksfixiert, kreativ, rebellisch. Wie sein Lehrmeister Adrià Ferran, der als der beste Koch der Welt gefeiert wird, kocht Carles Abellan am liebsten das vorher gar nicht Vorstellbare. Die Welt der uns vertrauten geschmacklichen Formen und Verbindungen wird einfach auseinandergenommen und wesentlich leckerer wieder zusammengesetzt.

Carles Abellan geht dabei jedoch seinen eigenen, weniger extremen Weg. Essen ist bei ihm nicht nur eine Geschmacks-Sensation, sondern durchaus auch etwas zum Sattwerden. Aus den Best of's unterschiedlicher Länder macht er die *Very Best of Carles Abellan*, wie das *Tuna Sashimi* auf Seetang und einem hauchdünnen Pizza-Boden, oder seine *Biquini*, winzige getrüffelte Mozzarella-Schinken-Toasties. Die Verwandtschaft zu den Tapas ist hier unverkennbar, aber die Ironie und Lebensfreude, die in jedem kleinen Gericht spürbar wird, ist wirklich neu. Sein Kinder-Überraschungsei lässt Erwachsenenaugen strahlen, ein Hühnerei mit geschäumter Kabeljau-Füllung, statt des obligatorischen Plastik-Gimmicks ist es frischer Trüffel, der im Inneren als Überraschung wartet.

Comerç24 Adresse: Comerç, 24, Barcelona Tel: 0034 93 3192102
Email: info@comerc24.com Internet: www.comerc24.com
Öffnungszeiten: Dienstag – Samstag 13.30 – 15.00 Uhr und 20.30 – 23.00 Uhr,
Sonntag und Montag geschlossen

Ein Gespräch mit Marc Martines

Restaurant-Chef im Comerç24

Was ist das Besondere an der Abellanschen Küche?

Wir nennen es *Glocal cuisine,* traditionelle Küche neu interpretiert. Hinter jedem klassischen Gericht verbirgt sich etwas, das man nicht erwartet. Damit man viele Gänge genießen kann, machen wir die Portionen klein wie Tapas.

Woher kommen die Inspirationen?

Carles Abellan reist viel, die Ideen seiner Gerichte kommen aus der ganzen Welt. Vor einem Jahr war er in Japan, kam beeindruckt zurück und hat viel davon in die Küche eingebracht.

Kommen die Produkte für Ihre Küche dann auch aus aller Welt?

Nein, entscheidend ist für uns Frische und Qualität. In Barcelona gibt es vom frischesten Fisch bis zu den köstlichsten Trüffeln alles, was man sich nur wünschen kann. Die meisten unserer Produkte kommen aus dem *Mercat Santa Caterina* im Born und von kleinen Lieferanten aus der Umgebung.

Was ist das schönste Kompliment eines Gastes?

Wir haben Stammgäste, die für ein Abendessen im Comerç24 extra aus Belgien anreisen, das ist schon ein ungeheures Kompliment.

Und wie schaffen Sie das?

Gute Vorbereitung und Disziplin. Wir haben eine offene Küche, in der jeder Gast alles sehen kann. Jeder Griff muss sitzen, alles muss in jeder Phase appetitlich und lecker aussehen. Fehler vermeiden, bevor sie entstehen, dann kann sich auch der Service voll auf die Gäste konzentrieren. Wenn im Hintergrund alles professionell ist, ist es vorne einfach entspannter und man kann die Musik ruhig etwas lauter aufdrehen.

☞ TapaÇ24

Ein neues Projekt des kreativen Koch Charles Abellan: Hightech-Tapas mit Einflüssen aus Küchen außerhalb Kataloniens. Schon die Namen wie Bikini C24 verheißen Abenteuer für unsere Geschmackssinne. Die Bar befindet sich im Erdgeschoss und ist, anders als das Comerç24, vom Interieur her klassischer. Wer morgens schon gastronomische Höhenflüge erleben möchte, kann hier auch frühstücken.

Diputació, 269, Barcelona
Tel: 0034 93 4880977, Internet: www.comerc24.com
Öffnungszeiten: Täglich 8.00 – 24.00 Uhr

Cal PEP

CAL PEP

Ein Wochenende ist kurz, darum empfehlen wir Ihnen gleich am Freitagabend ins Cal Pep zu gehen, sollten Sie wie wir restlos begeistert davon sein, hätten Sie dann die Chance am Samstagmittag noch einmal wiederzukommen. Denn das Cal Pep ist in höchstem Maße suchtgefährdend. Auch wenn der Weg auf einen der begehrten Bar-Hocker lang und ermüdend sein kann, einmal aufgesessen ist man am Ziel aller Tapas-Träume. Hinter der Bar wird gezaubert, gebraten und frittiert, alle Bestellungen werden frisch à la minute zubereitet, die meisten vor den Augen der Gäste.
Natürlich wird alles aufgetischt, was Meer und Berge zu bieten haben, je nach Saison und Fanglage gibt es *Chipirones*, winzig kleine Oktopusse, frittiert, gedünstet, mit Kichererbsen oder weißen Bohnen, *Scampis* und *Calamares*, eine Weltklasse *Botifarra*, Bratwurst mit Gänsestopfleber und, und, und.
Es ist komplett sinnlos sich zwischen den 30 pro Tag angebotenen Tapas entscheiden zu wollen, vertrauen Sie sich darum am besten der weisen Führung des Besitzers und Namensgebers Pep an, er wird Sie genau richtig einschätzen und mit dem Besten versorgen, was er zu bieten hat. Einmal mehr werden Sie hier feststellen können: tiefes Vertrauen ist die Grundlage für wahren Genuss.

Cal Pep Adresse: Plaça de les Olles, 8, Barcelona
Tel: 0034 93 3107961 Internet: www.calpep.com
Öffnungszeiten: Montag – Samstag 13.30 – 16.00 Uhr und 20.00 – 23.00 Uhr, Sonntag und Montagmittag geschlossen Best time: 1/4 Stunde vor der Öffnung oder zu späterer Stunde, um lange Wartezeiten zu vermeiden.

Cal PEP
Pep Manubens

Ein Gespräch mit José (Pep) Manubens

Inhaber des Cal Pep

Haben Sie ein Motto für Ihre Küche?

Alegria culinária, beim Kochen ist es wie bei der Musik, je virtuoser man spielt, umso schöner klingt es. Und auf den Klang kommt es uns an.

Von wem haben Sie Ihr Handwerk gelernt?

Von meiner Mutter, ich habe 1977 mit einem kleinen Kiosk namens „Frankfurt“ angefangen. Meine Spezialität waren Sandwich-Kreationen, die meine Mutter zuhause vorbereitet hat. Daraus ist dann zwölf Jahre später Cal Pep geworden.

Woher beziehen Sie die Zutaten für Ihre Küche?

Die Produkte kommen jeden Tag frisch aus dem *Mercat Santa Caterina*, der Markthalle des Viertels.

Wie viele Tapas-Teller gehen hier jeden Tag über die Bar?

Über 300, davon wird jede einzelne Portion frisch vor den Augen der Gäste zubereitet. Jeder Gast isst bei uns im Schnitt fünf verschiedene Tapas.

Was sollte ein Gast tun, um Ihr Essen in vollen Zügen zu genießen?

Am besten einfach an der Bar Platz nehmen und uns machen lassen. So kann er die optimale Kombination unserer besten Tapas-Gerichte genießen.

Verraten Sie uns die kulinarischen Lieblingstipps aus Ihrem Viertel?

Der Wurstladen *La Botifarreria* in der Carrer Santa Maria und die Weinhandlung *Viniteca* in der Calle Agujes.

Tapas-Spezialitäten à la Pep

Pimientos de Padrón:
Kleine grüne Paprikaschoten, frittiert und mit etwas Salz serviert.

Xipirons amb cigrons:
Ganze Mini-Oktopusse mit weißen Bohnen.

Botifarra de porc amb foie d'anec fresc:
Mit Gänseleber gefüllte Schweinswurst auf weißen Bohnen.

Musclos a la Vinagreta:
Miesmuscheln in heißer Vinaigrette.

Calamares a la romana:
Frittierte Tintenfischringe.

Angulas fritas con huevo frito:
Frittierte Glasaale mit einem zerschnittenen Spiegelei.

Dazu:

Pa amb tomáquet:
Für die Katalanen ein kleines Nationalheiligtum. Dafür werden große Scheiben des weißen, runden spanischen Bauernbrotes geröstet und anschließend mit einer in zwei Hälften geschnittenen, vollreifen aromatischen Tomate eingerieben. Über das tomatisierte Brot wird Olivenöl in feinem Strahl gegossen, dazu etwas grobes Meersalz, köstlich.

Sumarocca 2005:
Ein erfrischender, spritziger Weißwein Blanc de blanc, Paellado, Muscat, der aus der Region Penedès kommt.

☞ Tapas

Tapas heißt auf Deutsch Deckel. Die Geschichte dazu ist schnell erzählt: Sherrygläser, Hitze, Fliegen, kleine Deckel, um den Inhalt zu schützen und den Durst beim Gast anzuregen. Daraus wurde nach und nach ein Wettstreit zwischen den Wirten, je besser die Tapas, umso mehr wurde gegessen, getrunken und verdient. Tapas sind nicht dazu da den Hunger zu stillen, sondern orientieren sich ausschließlich am Appetit. Essen um des Essens willen. Jeder Bissen legitimiert das nächste Schlückchen Wein oder Bier und umgekehrt. Erst etwas salzigen Schinken, dann ein paar sauer eingelegte Sardellenfilets, dann ein paar Croquetten, dann vielleicht mal etwas Scharfes, ein Tellerchen Bohnen und so weiter und so fort. Traditionell schlendert man vor dem Mittag- oder dem Abendessen von einer Bar zur nächsten, trifft sich, plaudert, trinkt ein Gläschen, isst ein Häppchen und zieht weiter. Lassen Sie sich nicht abschrecken, dort wo sich die Einheimischen an langen Theken drängen, gibt es garantiert die besten Tapas.

☞ Das Ritual

Reservieren kann man im Cal Pep nicht. Darum sollten Sie ruhig schon ein paar Minuten vor Öffnung erscheinen. Wenn der Rolladen sich hebt, können sie dann direkt an der Bar Platz nehmen, denn da und nur da werden die Tapas serviert. Die zweite Reihe, bestehend aus der langen Schlange der Wartenden, bekommt keinen einzigen Calamari fritti und wird lediglich mit dem Nötigsten, sprich Alkohol, versorgt. Novizen mögen sich fragen, wieso Menschen hier oft länger als eine Stunde geduldig auf ein Plätzchen an der Bar warten. Aber wer einmal diese Prozedur überstanden hat, weiß warum für den Stammgast die Vorfreude viel stärker ist als die schmerzenden Füße. Wenn Sie spät dran sind und die Schlange bis weit auf die Straße reicht, schlendern Sie einfach weiter in Richtung Born-Viertel und kommen am Ende der Mittagszeit, dann ist meistens der große Ansturm verebbt.

PIRANESI

PINOTXO BAR

Der Mercat de la Boqueria gilt wohl zu Recht als einer der eindrucksvollsten Märkte der Welt. Hier findet man alles was *Mar i Muntanya*, das Meer und die Berge zu bieten haben in riesiger Auswahl und exzellenter Qualität. In der Boqueria ist alles schöner, frischer und besser, als man es von zu Hause kennt. Die Erdbeeren sind von fast obszöner Üppigkeit, die Gemüse türmen sich zu knackigen Bergen in allen Farben, die Fische beobachten einen mit klaren Augen, während man an ihnen vorbeischlendert.
Normalerweise überkommt einen als kulinarisch versierten Touristen tiefe Frustration, das alles nicht kaufen und sofort in der heimischen Küche zubereiten zu können. In der Boqueria ist das anders, denn in der Boqueria gibt es Pinotxo. Vom frühen Morgen bis zum späten Mittag wird hier alles, was es auf dem Markt zu kaufen gibt, in exzellenter Weise zubereitet. Hausmannsküche auf Gourmetniveau. Sicher, es kostet schon etwas Überwindung, gegen 7 Uhr 30 Kutteln in Tomatensoße oder Tintenfische mit weißen Bohnen zu verdrücken, aber nehmen Sie diese Herausforderung an. Die kleinen Tapa-ähnlichen Portionen sind so perfekt und köstlich zubereitet, dass Sie sowieso innerhalb von Minuten jedes Gefühl von Zeit und Raum verlieren werden.

Pinotxo Bar Adresse: Mercat de la Boqueria, Parada 466–470,
Rambla St. Josep, Barcelona Tel: 0034 93 3171731
Öffnungszeiten: Montag – Samstag 6.00 – 16.00 Uhr, Sonntag geschlossen
Best time: zwischen 8.00 – 10.00 Uhr

Pinotxo
bar
NESCAFE
NOVELL

Ein Gespräch mit Albert Asin

Inhaber der Pinotxo Bar

Ihr Onkel Joan Baylen hat Ihnen vor einiger Zeit die Zügel des Pinotxo übergeben, was reizt Sie daran?

Ich gebe zu, am Anfang wollte ich das eigentlich gar nicht machen. Jeden Morgen um 4 Uhr aufstehen, die Dinge vorbereiten und dann die Arbeit hier hinterm Tresen auf engstem Raum. Aber jetzt, nach so vielen Stunden und Tagen, die ich hier verbracht habe, kann ich mir gar nichts anderes mehr vorstellen.

Gibt es einen besonderen Pinotxo-Stil?

Alle Speisen basieren auf den traditionellen Rezepten meiner Großmutter, ich habe eine klassische Koch-Ausbildung, vieles war mir zu schwer und zu mächtig, darum habe ich die Gerichte der heutigen Zeit angepasst. Das heißt, die Zubereitung ist nicht so bäuerlich, etwas leichter und feiner.

Was sind Ihre Spezialitäten?

Es gibt jeden Tag ca. 15 wechselnde Gerichte. *Estafat de Ternera*, geschmortes Rindfleisch aus der Keule mit Kartoffeln, oder *Botifarra negra amb juli vert*, Kichererbsen mit Blutwurstfüllung gebraten mit Zwiebeln und Speck, sind zum Beispiel immer dabei und dann alles, was der Markt zu bieten hat, die Händler bringen die Dinge vorbei oder ich laufe schnell zum Gemüsestand und hole mir eine Kiste Tomaten.

Und wenn man morgens noch keinen Appetit auf Blutwurst hat?

Es gibt auch leichte Dinge. Sandwiches, Toast, Omeletts und natürlich Süßes, unsere *Dulces Chucho* sind sehr beliebt, eine Vanillecreme mit Croissant-Teig umhüllt und in Öl frittiert, oder unsere *Ensamada caramelisada*. Die *Ensamada* kommt zusammen mit etwas Zucker zwischen die beiden heißen Platten der Plancha, eine Art Sandwichpresse, die in jeder spanischen Bar zur Standardausrüstung gehört. Das Ergebnis ist eine knusprig karamellisierte Hefeschnecke.

La Legua
100% NATURAL
CARNE DE
PIMIENTO CHORICERO

Boqueria Markt

Ein Spaziergang mit Albert Asin

Wie bei jedem Markt empfiehlt es sich auch hier, so früh wie möglich zu kommen. Der Boqueria Markt öffnet ab 6.00 Uhr.
Wem auf nüchternen Magen noch nicht nach halben Schafsköpfen und Tintenfischen zumute ist, der sollte seinen Marktbesuch in der Pasticceria Escriba beginnen. Hier gibt es die besten *Cuxque* Barcelonas, ein süßes Hefebrot mit Anis und Pinienkernen bestreut.
Dann geht es los. Der Kiosk Pinotxo liegt gleich rechts vom Haupteingang der Boqueria, hier sollte man gleich einmal ein Gläschen Cava schlürfen und den ersten Happen essen, um in die richtige Stimmung zu kommen.
Wer so umsichtig war und eine Kühltasche für den Rückflug mitgebracht hat, kann bei Genaro den frischesten Fisch erstehen, Tintenfische kauft man allerdings besser bei Pepita, unser Marktführer Albert Asin kennt sie alle seit vielen Jahren, grüßt und ruft nach links und rechts, während er seine Augen prüfend auf die Ware richtet. Er führt uns in die äußerste Ecke des Marktes zu Genaro, hier gibt es die besten Anchovis überhaupt, in Öl eingelegt in großen Plastikdosen ab 500 Gramm. Der Kauf dieser doch relativ großen Menge lohnt sich, denn die Anchovis lassen sich vielfältig als Vorspeise, auf geröstetem Weißbrot, in Salaten, zu Pasta oder Pizza verwenden, so dass der Vorrat schon nach wenigen Wochen aufgebraucht ist.
Weiter geht es in die entgegengesetzte Ecke zu Casa Guixart. Man findet hier eine große Auswahl an Schinken, Würsten und Käse, nette Bedienung und kompetente Beratung.
Dann geht es zu den Gemüseständen außerhalb der Halle, je nach Jahreszeit liegt hier zwischen Kartoffeln und Zucchinis immer auch das ein oder andere ganz besondere Gemüse aus der Region, wie beispielsweise streichholzdünner, frischer grüner Spargel, besondere Tomatensorten und frische weiße Bohnen. Vorbei an den unterschiedlichen spezialisierten Metzgerei-Ständen für Geflügel, Innereien, Wild, Lamm oder Schwein geht es zurück zu Pinotxo.

Zwar ist es erst 9 Uhr, aber für einige der Marktarbeiter, die im Morgengrauen Kisten auf Sackkarren in die Jugendstilhalle der Boqueria geschoben haben, ist es Zeit für ein deftiges Mittagessen. Setzen Sie sich einfach dazu und lassen Sie es sich schmecken.

Mercat de Sant Josep „La Boqueria"
Adresse: Rambla St. Josep, Barcelona
Öffnungszeiten: Montag bis Samstag von 6.00 – 20.00 Uhr
Die meisten Stände öffnen erst gegen 8.00 Uhr,
bei Pinotxo geht es ab 6.00 Uhr los.

Escribà
Adresse: Ramblas, 83, Barcelona
Tel: 0034 93 3016027
Öffnungszeiten: Täglich 8.30 – 21.00 Uhr

Genaro
Adresse: Mercat de la Boqueria – Morera 6, Barcelona
Öffnungszeiten: Dienstag – Freitag 7.00 – 19.00 Uhr, Samstag 7.00 – 15.30 Uhr

Casa Guixart
Adresse: Ramblas, 95, Barcelona
Tel: 0034 93 3178887
Öffnungszeiten: Montag – Samstag 9.00 – 21.00 Uhr

145
JAMON BELLOTA
JABUGO- PATA NEGRA
€/Kg

la plata

LA PLATA

Stellen Sie sich vor, Sie haben nur 15 Minuten für das perfekte kleine Barcelona-Erlebnis, dann sollten Sie La Plata in der Carrer de la Mercè ansteuern. Sie liegt nur ein paar Schritte vom hafenseitigen Ende der Rambles entfernt im Barri Gòtic. Das Lokal ist winzig und das Angebot präzise auf die Größenverhältnisse angepasst. Es gibt hier, seit nunmehr 70 Jahren, genau drei Tapas zur Auswahl: *Pescaditos*, kleine frittierte Fische, *Ensalada con anchoas*, Salat aus Tomaten, Zwiebeln und Oliven mit Anchovis, und *Pinchos de Butifarras*, Brötchen mit Wurst. Besonders zu empfehlen sind die köstlichen *Pescaditos*, die jeden Morgen um 8 Uhr fangfrisch von den Fischerbooten der Barceloneta geholt werden. Dazu lassen Sie sich von einem der beiden Barmänner Emilio oder Pepe ein Glas Roséwein des Hauses einschenken. Während Sie beglückt ihre Fischchen knabbern, sollten sie unbedingt ein Pläuschchen mit den Stammgästen wagen, alle über 70 und quasi Teil des Inventars. Ein Wörterbuch brauchen sie dafür nicht. Wenn es um Themen wie die Schönheit Barcelonas und die Köstlichkeit der Fische geht, werden Sie sich mit ihnen auch ohne Katalan-Kenntnisse bestens verstehen.

La Plata Adresse: Mercè, 28, Barcelona
Öffnungszeiten: Montag – Freitag 10.00 – 16.00 Uhr und 20.00 – 23.00 Uhr
Samstag und Sonntag geschlossen

Estrella Damm

VIADER
125è
LINDA

GRANJA M. VIADER

Es ist ein bisschen so, als würde man eine gute alte Tante auf dem Lande besuchen, hier kann man wieder Kind sein und sich rundum verwöhnen lassen. Die Granja M. Viader, unweit der Plaça de Catalunya, ist wie ein kleines gesundes Schlaraffenland. Es gibt Milchmixgetränke, Jogurts, Kuchen, Puddings, Käse in allen erdenklichen Variationen. Seit 135 Jahren ist die schönste Milchbar von Barcelona Versorgerquelle für ein breites gemischtes Publikum von Jung und Alt, süchtig nach einer Tasse *Chocolate Suisso*, puddingdicker heißer Schokolade mit einem Berg Schlagsahne oder einem erfrischenden Glas Mandelmilch. Hier lässt man sich gerne verwöhnen und fühlt sich in dem alten gekachelten, wundervoll dekorierten Gastraum einfach geborgen. Dafür sorgt auch die Inhaberin Mercè Casademunt, die das kleine Geschäft in bewährter Familientradition zusammen mit ihrem Sohn in der 5. Generation voller Leidenschaft führt. Alles, was auf der Karte steht, wird täglich frisch in der hauseigenen Produktion zubereitet, wie eh und je.

Granja M. Viader Adresse: Xuclá, 4-6, Barcelona
Tel: 0034 93 3183486 Email: granjaviader@yahoo.es
Öffnungszeiten: Montag – Samstag 9.00 – 13.30 Uhr und 17.00 – 20.30 Uhr, Sonntag und Montagmittag geschlossen
Spezialitäten: Suisso (dickflüssige Schokolade mit Sahne), Flan de mato (Ziegenkäse mit Honig), Recuit (fermentierte Milch mit Zucker)

Ein Gespräch mit Mercè Casademunt

Inhaberin der Milchbar Granja M. Viader

Wofür steht die Granja M. Viader?

Für eine Milchbar im traditionellen Sinne. Hier hat einst schon mein Urgroßvater frische Milchprodukte verkauft und heute steht mein Sohn hinter der Milchtheke und mixt die Mandelmilch nach unserer Familienrezeptur.

Woher kommen Ihre Produkte?

Bei uns wird alles selbst gemacht, auch Kuchen, Jogurts, Frischkäse und Puddings. In der Produktion arbeiten heute zehn Leute. Die meisten Produkte werden ja über den Tresen außer Haus verkauft. Zweimal in der Woche bekommen wir frische Milch direkt von unseren Bauern geliefert.

Welche Spezialität sollte man sich auf keinen Fall entgehen lassen?

Probieren Sie unbedingt unseren Klassiker *Llet Mallorquina Viader*, eine süße Milch mit einem Hauch von frischem Zimt und geriebener Zitronenschale. Das Rezept hat meine Urgroßmutter auf Mallorca entdeckt und mit nach Barcelona gebracht.

LLET
MALLORQUIN
VIADER

Llet Mallorquina Viader

(Ein Klassiker in der Granja Viader nach dem Rezept der Urgroßmutter)

1 Liter Milch
2 Zimtstangen
2 EL Zucker
abgeriebene Schale
einer halben Zitrone
(unbehandelt)

Zimtstangen, Zucker und Zitronenschale zur Milch geben und alles zusammen aufkochen lassen. Das Ganze 20 Minuten auf kleiner Flamme köcheln lassen und am Ende durch ein Tuch geben.
Gut gekühlt servieren.

☞ Granja

Milchbars gibt es überall in Barcelona, sie entstanden im vorletzten Jahrhundert, als die Stadt immer stärker zu wachsen begann. Zuerst waren es reine Milch-Verkaufsstellen, im angrenzenden Kuhstall wurde frisch gezapft, die Milch wurde dann zu Butter, Käse und anderen Produkten weiterverarbeitet. Nach und nach verschwanden die Kühe und die Ranchas versorgten sich mit Milch von glücklichen Kühen aus den naheliegenden Bergen Kataloniens. Auch heute noch wirken die Granjas wie kleine gemeinnützige Einrichtungen, die sich um das Wohl der Barcelonesen kümmern. Das gute Glas Milch und das Töpfchen Jogurt ist eben auch Balsam für die Großstadtseele.

BAR BOADAS

Gleich neben dem Trubel der Rambles öffnet sich in Tallers 1 die Tür zu einer anderen Welt. Die Bar Boadas, eine Ikone der reinen und wahren Bar-Kultur. Geführt von María Dolores Boadas, einer kleinen alten Dame mit Grandezza, Stil und Disziplin. Sie ist zwar weit in den 70ern, spricht aber immer noch mit leuchtenden Mädchenaugen von ihrem Papa: Miguel Boadas. Der gebürtige Spanier war mit seinen Eltern als Kind nach Havanna ausgewandert und hatte dort das Bar-Handwerk von der Pike auf gelernt.

Die Liebe zog ihn zurück nach Barcelona, 1933 gründete er die Bar Boadas, quasi eine Missionsstation für kubanisches Lebensgefühl. Schnell wurde die Bar Boadas zum *place to be*. Der kleine Raum mit den holzvertäfelten Wänden hängt voller Fotos und Erinnerungen guter Freunde der Familie wie Ernest Hemingway, der hier mit Papa Boadas die Sehnsucht nach dem gelobten Land der eleganten Bars und perfekten Zigarren teilte.

Man hat das Gefühl, jeden Augenblick könnten Betty Davis und Clark Gable mit einem Schwung bester Freunde auf einen Daiquiri reinschneien. Dabei ist das Lokal alles andere als verstaubt und nach wie vor eine feste Größe im Alltag Barcelonas. Hier trifft man sich zum Aperitif, nach dem Büro oder im Anschluss an einen Besuch in der Oper Liceo. Doch der kleine Schrein einer leider längst vergangenen Zeit will behütet sein, so manches Mal musste sich María Dolores schon Touristen in kurzen Hosen und Turnschuhen entgegenstellen. Diese Entwicklungen der Neuzeit lehnt sie rundheraus ab.

Bar Boadas Adresse: Tallers, 1, Barcelona Tel: 0034 93 3188826
Öffnungszeiten: Montag – Samstag 12.00 – 2.00 Uhr, Sonntag geschlossen

Ein Gespräch mit María Dolores Boadas

Inhaberin der Bar Boadas

Was verbinden Sie mit Ihrer Bar?

Meine Aufgabe ist es, das Erbe meines Vaters Miguel Boadas weiterzuführen. An seinem Sterbebett bat er als letzten Wunsch darum, einen Cocktail mixen zu dürfen. Den Shaker hat mein Vater dann meinem Mann und mir symbolisch übergeben, mit dem Vermächtnis, den Stil und die Klasse des Hauses zu bewahren.

Wie schaffen Sie das in Ihrem Alter?

Die Bar ist mein Leben, als Baby habe ich schon in einem kleinen Körbchen hinter der Bar gelegen, während meine Eltern vorne gearbeitet haben, mit 14 Jahren begann ich meinem Vater zu helfen. Heute kann ich natürlich nicht mehr rund um die Uhr im Einsatz sein, aber ich komme jeden Tag für ein paar Stunden. Das gehört sich so und das bin ich dem Erbe meines Vaters schuldig.

Welchen der vielen Drinks können Sie uns besonders empfehlen?

Unsere Spezialität sind die Cocktail-Klassiker wie Daiquiri, Mojito und Martini, alle nach den original Rezepten meines Vaters gemixt, die er damals aus Havanna mitgebracht hat.

COLMADO QUILEZ

COLMADO QUILEZ

Von den Rambles kommend sieht man schon von weitem die hohen Fenster, hinter denen Berge von Konserven, Oliven und Weinen gestapelt sind. Betritt man dann den Laden, kommt man sich vor wie in einem kleinen Museum für spanische Esskultur. Auf nur 40 qm drängen sich konservierte Tapas aller Art, Öle, Essige, Oliven, Süßigkeiten und Marmeladen, an den bunten Packungen hätte Andy Warhol seine Freude gehabt. Dazu gibt es noch 3500 spanische Weine, Schnäpse, Liköre und Whiskys, Kuchen, *Tourones* und Kekse. Ein Tante-Emma-Laden der Superlative, in dem sich täglich die Hausfrauen des umliegenden Viertels zum Schwätzchen versammeln. Hier sollten auch Sie sich mit Tapas-Vorräten für das nächste Jahr eindecken. Obwohl die Muscheln, Sardinen und Tintenfische aus der Dose kommen, sind sie erstklassig zubereitet und werden oft auch in Tapas-Bars angeboten. Lassen Sie sich von dem freundlichen Personal beraten. Sie stellen Ihnen gerne eine kleine Kollektion ihrer Highlights zusammen. Aber Vorsicht, das Gewicht Ihres Fluggepäcks kann hier in wenigen Minuten in schwindelnde Höhen steigen.

Colmado Quilez Adresse: Rambla de Catalunya, 63, Barcelona
Tel: 0034 93 2152356 Email: quilez@lafuente.es Internet: www.lafuente.es
Öffnungszeiten: Montag – Freitag 9.00 – 14.00 Uhr und 16.30 – 20.30 Uhr, Samstagnachmittag und Sonntag geschlossen

PACO LAFUENTE
BERBERECHOS
CUCA
COLMADO QUILEZ
Portomar
Almejas Blancas al natural
FRISCOS
DANI
BERBERECHOS AL NATURAL
MIAU
Portomar Anguilas en aceite de oliva
DANI OSTRAS

DANI
COLMADO QUILEZ
Almejas Blancas al natural
COLMADO QUILEZ
Portomar
Portomar
COLMADO QUILEZ
PACO LAFUENTE
ALMEJA BLANCA
ALMEJA BLANCA
COLMADO QUILEZ
COLMADO QUILEZ
PACO LAFUENTE
ALMEJA BLANCA
Portomar
Portomar
Portomar
DANI
PULPO
ACEITE DE GIRASOL
ACEITE DE GIRASOL | SUNFLOWER OIL
DANI
PULPO
ACEITE DE GIRASOL
ACEITE DE GIRASOL | SUNFLOWER OIL
MIAU
DANI
DANI
Portomar
Portomar
Navajas al natural
COLMADO QUILEZ
COLMADO QUILEZ
COLMADO QUILEZ
Vermupack
DANI
Portomar

TIENDAS EN VENTA
CON SÓTANO
RAZÓN AQUÍ
comersa

SMART TRAVELLING

GUT ZU WISSEN

Barcelona ist groß, darum ist dieser Infoteil so klein. Hier erfahren Sie nicht alles und jedes, sondern genau das, was Sie für ein perfektes Wochenende brauchen. Wenige, aber genau die richtigen Informationen: Wissenswertes über die katalanische Lebensart, Barceloneser Persönlichkeiten und Tipps für Unternehmungen am Sonntag.
Dazu einen Stadtplan mit all unseren Lieblingsadressen, damit Sie nicht lange suchen müssen, sondern gleich anfangen können Barcelona zu genießen.

KATALANISCH

Rauxa y seny

Diese beiden, leider nicht präzise übersetzbaren Begriffe werden Ihnen in Barcelona sicher häufiger begegnen, sie beziehen sich auf die beiden angeblich wichtigsten Merkmale der katalanischen Mentalität. *Seny* steht für Fleiß, Zielstrebigkeit, Strukturiertheit und Ordnungsliebe, wohingegen *Rauxa* Verrücktheit, Kreativität, Wagemut und ein Fünkchen Anarchie bedeutet. Es heißt, der Anteil an *Rauxa* würde sich, je weiter man in Richtung Osten die Küste hinauffährt, steigern. Ähnlich wie beim Föhn in Bayern schiebt man die irritierenden menschlichen Verhaltensweisen, die *Rauxa* verursachen kann, auf die dort vorherrschenden heißen Winde. *Rauxa* und *Seny* finden sich in den Charakteren vieler katalanischer Persönlichkeiten und Werke wieder. Salvador Dalí, mit seinem einerseits klassischen, technisch perfekten Malstil und den andererseits psychedelischen surrealen Motiven ist nur ein Beispiel dafür.

Die polarisierenden Elemente zeigen sich auch im Stadtviertel Eixample, das zwar rigide auf dem Reisbrett geplant wurde, dann jedoch teilweise von den Architekten des *Modernisme* in einer extrem kreativen Architektur umgesetzt wurde.

Madrid? Nein danke

Katalonien liegt zwar im Staate Spanien, ist aber de facto eine eigene Nation, mit eigener Sprache, Kultur, Bräuchen und allem was dazugehört. Amtssprachen sind Katalanisch und Spanisch.

Katalonien hat rund 7,0 Millionen Einwohner und grenzt im Norden an Frankreich und Andorra, im Westen an Aragonien und im Südwesten an die Region Valencia. Barcelona ist seine Hauptstadt. Seine wechselvolle Geschichte ist durch das Streben nach Autonomie geprägt, bei den zahlreichen Konflikten zwischen Spanien und Frankreich stand Katalonien mal auf der einen, mal auf der anderen Seite, immer in dem Streben seine Unabhängigkeit wiederzugewinnen oder zu bewahren.

Die Industrialisierung begann in Katalonien früher als in anderen Teilen Spaniens, vor allem um Barcelona herum entstanden zahlreiche Fabriken. Trotz oder gerade wegen seines Reichtums und dem Fleiß und Geschick seines Volkes wurde Katalonien Jahrhunderte hindurch geknechtet und ausgebeutet. Mehr denn je ab 1939 unter Franco.

Das Sinnbild für diese Unterdrückung ist Madrid, die Hauptstadt Spaniens, seit jeher Zentrum des Adels, Sitz des Königshauses und der Regierung. Madrid ist die Geißel Barcelonas. Doch ohne Madrid wäre Barcelona nicht das, was es heute ist. Die Katalanen reiben sich nicht nur auf an diesem Feindbild, die Rivalität eint die Barcelonesen und spornt die Stadt immer wieder zu Höchstleistungen an.

Nirgendwo ist sie heute stärker spürbar als auf dem Fußballfeld. Bei einem Spiel FC Barcelona gegen Real Madrid treffen diese beiden Welten aufeinander, dann heißt es Velázquez gegen Picasso, es geht um ungerechte Steuersysteme, großstädtische Borniertheit, katalanischen Nationalstolz und ganz nebenbei auch um Tore.

Spanisch und Katalanisch sind komplett unterschiedliche Sprachen. Darum ist Katalanisch für einen Spanier nicht ohne weiteres verständlich, ähnlich wie Deutsch für einen Holländer. Katalanisch ist regionale Amtssprache in Katalonien, auf den Balearen und in Valencia. Aber das war längst nicht immer so. Während der Franco-Diktatur war die katalanische Sprache streng verboten, Ortsnamen und sogar Personennamen wurden spanisiert. Es war lebensgefährlich katalanisch zu sprechen, Messen abzuhalten oder katalanische Bücher zu vertreiben. Doch die Katalanen, Jahrhunderte lang geübt im Widerstand, bewahrten sich ihre Sprache im Untergrund. Mit dem Tod Francos begann eine Wiederbelebung der katalanischen Kultur. Spanisch – castellano – und Katalanisch – català – stehen sich heute offiziell gleichberechtigt gegenüber, wobei das Katalanische immer dominanter wird, in den Schulen wir auf Katalanisch unterrichtet, alle behördlichen Formulare sind auf Katalanisch verfasst, katalanische Medien werden finanziell gefördert und sogar Unternehmen müssen ihre Publikationen auch in Katalanisch herausgeben. Viele spanischsprachige Zuwanderer aus anderen Landesteilen empfinden dies als Schikane, ihnen werden vielerorts kostenlose Sprachkurse angeboten, denn ohne Katalan läuft heute fast gar nichts mehr. Ob Radio oder Fernsehen – in Katalonien hört man nur noch wenig Spanisch, die jüngere Generation spricht heute meist besser katalan als kastellan, Tendenz steigend.

Allgemeines:

Hallo	Hola
Ich bin	Em dic
Ich komme aus	Sóc de
Ja	Sí
Nein	No
Bitte	Si us plau
Danke schön	Moltes gràcies
Entschuldigung	Perdó
Guten Morgen	Bon dia
Guten Tag	Bon dia
Guten Abend	Bona tarda
Gute Nacht	Bona nit
Wie heißt Du	Com et dius?
Wie geht es?	Com estàs?
Danke gut	Molt be gràcies
Toll	Fabu
Super	Molt bé
Phantastisch	Fantàstic
Nein danke	No gràcies
Bitte nicht	No gràcies
Auf keinen Fall	De cap manera
Geöffnet	obert
Geschlossen	tancat

Unterwegs:

Wo geht es zu...?	Com es va a...?
Wie weit ist es nach...?	És molt lluny...?
Wie bekommt man hier ein Taxi?	On puc trobar un Taxi?
Wo ist die nächste U-Bahn-Station?	On és la pròxima parada de metro?

Beim Einkaufen:

Wo gibt es...?..........On és...?
Ich möchte..........Voldria
Haben Sie...?..........Té...?
Wie viel kostet das?..........Què val?
Das nehme ich..........Val, m'ho quedo
Geben Sie mir bitte davon..........Doni'm...d'això
Geben Sie mir bitte 100 Gramm/1 Kilo..........100 grams/un kilogram de
Etwas mehr..........Una mica més
Etwas weniger..........Una mica menys
Können Sie mir das vakuumieren?..........M'ho pots empaquetar sense aire?
Bitte in Scheiben..........a rodanxes
Bitte im Stück..........un tros
Danke, das ist alles..........gràcies, això es tot

Im Restaurant:

Ich möchte gerne einen Tisch reservieren..Voldria reservar una taula si us plau
Die Speisekarte bitte..........La carta si us plau
Ich hätte gerne..........Voldria
Was empfehlen Sie heute?..........Que recomana avui?
Was ist Ihre Spezialität?..........Quina es la especialitat de la casa avui?
Welchen Wein würden Sie mir empfehlen?..........Quin vi em recomana?
Ich hätte gerne einen Kaffee..........Voldria un cafè
Das schmeckt köstlich..........Està molt bo
So etwas Gutes habe ich noch nie gegessen..........No he menjat mai res tan bo
Kompliment an die Küche..........Feliciti el cuiner
Die Rechnung bitte..........El compte si us plau
Kann man mit Kreditkarte zahlen?..........Puc pagar amb targeta de crèdit ?
Ich komme wieder..........Tornarem un altra cop

ESSENSZEITEN

Essen kann man in Barcelona eigentlich rund um die Uhr, hier ein paar Anhaltspunkte, wann die Barcelonesen wo und welche Mahlzeit einnehmen.

Die erste Mahlzeit des Tages findet zu Hause statt, das Frühstück *el esmorzar* besteht aus *Cafe amb llet*, Milchkaffee, und ein paar Keksen oder Toast.

Dann beginnt der Tag, gegen 11 Uhr findet man sich im Café um die Ecke zu einem zweiten kleinen Frühstück ein, das kann ein gegrilltes *Toast Tostada* oder ein Croissant sein.

Um Punkt 13 Uhr schließen die meisten Läden, die Büros leeren sich und ganz Barcelona begibt sich zum Mittagessen: *el dinar*. Wer es nicht weit hat, geht nach Hause und speist dort im Kreise der Familie. Alle anderen dehnen den *aperitivo* in der Bar einfach etwas aus und erhöhen die Anzahl der Tapas. Ohnehin ernährt man sich hier am liebsten häppchenweise. Um 17 Uhr öffnen die meisten Läden wieder und zwischen den Einkäufen pausiert man gerne in einer *granja*, den klassischen Milchbars, oder einem *salon de te*.

Die Bars sind dann erst wieder gegen 19 Uhr dran, wenn man hier den Arbeitstag ausklingen lässt und sich auf dem Weg nach Hause oder ins Restaurant ein kleines Bier, *Caña*, oder ein Gläschen Sherry mit ein paar weiteren Häppchen genehmigt.

Das Abendessen *el sopar* beginnt nicht vor 21 Uhr, im Sommer oft erst um 23 Uhr. Am Sonntag haben viele Restaurants geschlossen, die Familien versammeln sich dann in der Regel zum traditionellen Sonntagsbraten, der auch gerne als Picknick im Freien eingenommen wird.

DIE DEKONSTRUIERTE STADT

Dass Barcelona sich nicht gerne einordnen lässt, zeigt sich schon bei einem ersten Blick auf den Stadtplan. Die Viertel und Quartiere sind grundverschieden und wie ein riesiges kubistisches Kunstwerk aus großen charakteristischen Flächen zusammengesetzt.

Beginnen wir mit der Ciutat Vella, Barcelonas Altstadt, sie teilt sich in vier unterschiedliche Viertel: Das gotische Viertel Raval, westlich der Rambles, das Barri Gòtic östlich der Rambles, mit der imposanten katholischen Kathedrale und dem belebten Plaça de Sant Jaume, es wird begrenzt durch die Via Laietana. Kreuzt man sie, so kommt man in das Viertel El Born mit der Kirche Santa Maria del Mar und dem Museu Picasso. Davor, am Wasser gelegen, erstreckt sich das alte und neue Hafenviertel mit dem ehemaligen Fischerdorf Barceloneta und wunderbaren Promenaden und Stränden.

Die gesamte Altstadt war bis Mitte des 19. Jahrhunderts mit einer Stadtmauer umgeben. Doch die steigende Zahl der Anwohner und die durch die Industrialisierung zuziehenden Emigranten machten die Lebensbedingungen in den viel zu engen Stadtmauern unerträglich. Dies führte zum Abriss der Stadtmauer und zur Planung eines riesigen neuen Stadtgebietes, das den alten Kern von Barcelona mit den umliegenden, ebenfalls expandierenden Dörfern wie beispielsweise Grácia verbinden soll. Die Erweiterung, katalanisch Eixample genannt. Der Plan des Eixample baut auf einer Rasterstruktur auf, jeder Häuserblock hat eine Kantenlänge von 113 Metern und wird unterteilt von 20 Meter breiten Straßen. Hier entstanden bedeutende Beispiele der katalanischen Variante des Jugendstils – *Modernisme* genannt – wie die Casa Míla und die Casa Bátllo, von Antoni Gaudí am Passeig de Grácia.

Nördlich der Altstadt und des Eixample liegt der 213 Meter hohe Montjuïc. Er wurde erst 1929 zur Weltausstellung urbanisiert und an die Stadt angegliedert. Hier befinden sich wichtige Museen und Kunstsammlungen wie die Fundació Miró und das Museu Nacional d'Art de Catalunya. Es beherbergt die eindrucksvollste Kunstsammlung der Stadt, darunter einige spektakuläre romanische Fresken aus dem 12. Jahrhundert.

DELI SHOPPING

Köstlicher Spaziergang im Born-Viertel

Die verwinkelten Gassen rund um den Passeig del Born sind heute ein Mikrokosmos aus angesagten Restaurants, jungen Fashion Labels, Bars, Cafés und Designer-Läden. Hier kann man zu jeder Tages- und Nachtzeit das moderne Barcelona mit Händen greifen. Zwischen all dem Neuen und sorgfältig Sanierten gibt es jedoch auch eine Vielzahl traditionsreicher kulinarischer Adressen, die zum Staunen, Probieren und Mitbringsel-Einkaufen einladen.

La Ribera, S. A.

La Ribera

Wenn Gepäckbeschränkungen kein Problem für Sie sind, ist La Ribera Ihre Adresse. In diesem Feinkost-Großhandel, der auch an Einzelkunden verkauft, finden sie alle Köstlichkeiten Barcelonas zu sagenhaft günstigen Preisen. Die Atmosphäre ist natürlich nicht so schön wie im Markt La Boqueria, aber das Angebot ist riesig und die Beratung kompetent.

Plaça Comercial, 11, Barcelona
Tel: 0034 93 3195206
www.laribera-sa.es
Montag – Freitag 7.30 – 13.30 Uhr,
Samstag 16.30 – 19.00 Uhr

La Botifarreria de Santa Maria

La Botifarreria

Ein Paradies für alle, die frische Würstchen lieben und mehr probieren möchten als die klassischen *Chorizos*. Über 40 Varianten sind hier ständig im Angebot, es gibt Enten-, Lamm-, Wildschwein- und Gänsestopfleber-Würste, mit Spinat, Käse, Paprika, Piment oder anderen saisonalen Zutaten. Hier kauft auch Pep aus dem Cal Pep seine unvergleichlich gute *Botifarra*.

Carrer Santa Maria, 4, Barcelona
Tel: 0034 93 3199123
Montag – Samstag 8.15 – 14.30 Uhr
und 17.00 – 20.30 Uhr

montiel

Montiel

Von Wein über Schinken, Konserven und Reis kann man bei netter Beratung das Beste kaufen, was das Land hervorbringt. Die Auswahl der Produkte ist mit einem Auge und der Zunge eines Genießers und Kenners getroffen, der seiner Suche nach erlesenen Produkten mit Leidenschaft nachgeht.

Flassaders, 19, Barcelona
Tel: 0034 93 2683729
Montag – Mittwoch 11.00 – 20.30 Uhr,
Donnerstag – Samstag
12.00 – 20.30 Uhr

Vila Viniteca

Ursprünglich, wie auch heute noch gegenüber, war es eine Weinhandlung. Hinzugekommen ist ein kleiner Edelsupermarkt mit einem verglasten Käseraum, wo der Käse optimal reift, und einer kleinen, aber fachkundigen Auswahl an Schinken der Klasse 5, der höchsten.

Agullers, 7, Barcelona
Tel: 0034 93 2683227
www.vilaviniteca.es
Montag – Samstag 8.30 – 20.30 Uhr

Bubó

In seinem modern gestalteten Laden verkauft Carles Mampel aus Glasvitrinen französische Macarons und feinste Patisserie-Kreationen, die die Kunden in kleinen Schatullen vorsichtig nach Hause tragen oder direkt nebenan in der bubó Bar genüsslich verzehren.

Caputxes, 10, Barcelona
Tel: 0034 93 2687224
www.bubo.ws
Montag 15.00 – 22.00 Uhr,
Dienstag – Mittwoch
11.00 – 22.00 Uhr,
Donnerstag 11.00 – 23.00 Uhr,
Freitag – Samstag 10.00 – 1.00 Uhr,
Sonntag 10.00 – 22.00 Uhr

JAMÓN IBÉRICO DE BELLOTA

Der *Jamón Ibérico de bellota* gilt als einer der edelsten Schinken der Welt. Seinen einzigartig aromatischen, nussigen Geschmack hat er den Eicheln zu verdanken, von denen sich die *Pata Negra*-Schweine fast ausschließlich ernähren. Die Schweine gehören zum äußerst exklusiven Kreis der letzten in Weidehaltung lebenden Borstenviecher Europas. Das Futter fällt ihnen zur Endmastzeit, im Spätsommer und Herbst, direkt vor die Schnauze, denn sie leben in dicht stehenden Eichenhainen. Dort tun sie das, was Schweine am liebsten tun, fressen, und da Eicheln ihre Lieblingsspeise sind, nehmen sie bis zu 1 Kilo täglich zu. Richtig fett werden sie dabei nicht, denn die Vierbeiner sind beim Fressen praktisch ständig in Bewegung, was das Fleisch besonders saftig und aromatisch macht und dem Bellota-Schinken die feinen Fettäderchen und die charakteristische Marmorierung verleihen. Seine feinherbe Süße erhält er durch die vorgeschriebene dreijährige Reifezeit. Der iberische Schinken weist wie Olivenöl eine hohe Menge an ungesättigten Fetten auf und kann demnach guten Gewissens in größeren Mengen gefuttert werden. *Pata Negra*, schwarze Pfote, ist der geschützte Begriff für den aus Eichelmast stammenden Schinken. Man unterscheidet zwischen der *Paleta*, dem Vorderbein, das etwas günstiger ist, aber weniger und schwieriger zu schneidendes Fleisch hat, und dem *Jambon*, dem perfekten Hinterschinken. Die Preise beginnen bei 20 Euro pro Kilo und steigern sich von Qualitätsklasse 1 bis 5. Der Kauf vor Ort lohnt sich jedoch in jedem Fall, denn in Deutschland zahlt man locker das Doppelte. Ein *Jambon* wiegt ca. 7–8 Kilo und sollte mit einem scharfen flexiblen Messer von Hand geschnitten werden. Da er einmal angeschnitten ca. sechs Monate haltbar ist, eignet er sich ganz hervorragend als nicht gerade kleines, aber besonders feines Mitbringsel.

SCHATZSUCHE IN DEN ALTEN GASSEN

Planen Sie am Samstagvormittag unbedingt einen Bummel durch den Barri Gòtic ein, es ist einfach wunderbar sich durch die verwinkelten Gassen treiben zu lassen. Es gibt unendlich viele kleine Läden zu entdecken, meist mit einer etwas vergilbten *Modernisme*-Fassade, hier existieren noch anderenorts längst ausgestorbene Kurzwarenläden, Hutmacher und Wäscheläden. Shopping im lebendigen Museum für Einzelhandel. Hier finden Sie eine kleine Auswahl an Anlaufstellen.

Cereria Subirà

Kerzen, Kerzen und nochmals Kerzen! In einem ganz in Blassrosa gehaltenen Laden werden aus alten Schubläden wunderschöne Kerzen in allen Farben hervorgeholt und in passenden Mengen abgezählt. Hier kaufen die Barcelonesinnen Kerzen für religiöse Zwecke und nicht etwa für die Tischdeko. Wenn Sie hier auch Einkäufe tätigen wollen, sollten Sie sich darauf gefasst machen, vorher mit den energischen, katalanischen Hausfrauen um die Aufmerksamkeit der Verkäuferin buhlen zu müssen.

Baixada Libreteria, 7, Barcelona
Tel: 0034 93 3152606
Montag – Freitag 9.00 – 13.30 Uhr
und 16.00 – 19.30 Uhr,
Samstag 9.00 – 13.30 Uhr

Sombrereia Obach

Auch wenn sie keine Kopfbedeckung im spanischen Stil suchen, sollten Sie diesen schönen, alten Laden nicht verpassen. Die Schaufenster sind gestapelt voll mit allen Varianten, vom klassischen Barret bis zum Panama-Hut aus feinem Stroh. Innen erwartet Sie dann eine riesige Anzahl von Schubladen und Kartons, was die Suche nach dem passenden Hut zum besonderen Erlebnis macht.

Carrer del Call, 2, Barcelona
Tel: 0034 93 3184094
Montag – Freitag 9.30 – 13.30 Uhr
und 16.00 – 20.00 Uhr,
Samstag 10.00 – 14.00 Uhr und
16.30 – 20.00 Uhr

Heritage

Eine bekannte Adresse für seltene spanische Stoffe und Antiquitäten. Aber letztlich nur einer der vielen wunderbaren Antiquitätenläden in der Straße *Banys Nous*. Hier lohnt es sich immer zu stöbern.

Banys Nous, 14, Barcelona
Tel: 0034 93 3178515
Montag – Samstag 10.00 – 14.00 Uhr
und 16.00 – 19.30 Uhr

Gotham

Bekannte Designklassiker und dekorative Objekte füllen die Räume von Gotham. Wer sich für Design interessiert, kann hier sicher einige ungewöhnliche Dinge entdecken.

Cervantes, 7, Barcelona
Tel: 0034 93 4124647
www.gotham-bcn.com
Montag – Freitag 11.00 – 14.00 Uhr
und 17.00 – 20.00 Uhr,
Samstag 11.00 – 14.00 Uhr

AUF DEN SPUREN DES MODERNISME

Die inneren Viertel von Barcelona sind ein Freilichtmuseum für den katalanischen Jugendstil. Es gibt zahllose Häuser, Paläste und Ladeneinrichtungen, die ganze Häuserblöcke zu einem architektonischen Gesamtkunstwerk machen.

Um die Pracht des *Modernisme* in vollen Zügen zu erleben, brauchen Sie bequeme Schuhe und den vom Centre de Turisme herausgegebenen *Guide La Ruta de Modernisme*. Er enthält nicht nur eine ausführliche Beschreibung und Fotos der 115 wictigsten Beispiele des *Modernisme*, sondern auch Stadtpläne und Gutscheine für den reduzierten Eintritt der für die Öffentlichkeit zugänglichen Orte.

Der *Guide de Modernisme* ist in Buchhandlungen und den Büros des *Centre de Turisme* erhältlich.

Centre del Modernisme
im Centre de Turisme de Barcelona
Plaça de Catalunya, 17, Barcelona
Tel: 0034 902 076621
www.barcelonaturisme.com
Täglich von 9.00 – 21.00 Uhr

Modernisme One-Stop

Wenn die Zeit knapp oder die Füße schon zu müde sind, um stundenlang durch das Eixample zu streifen, lassen Sie sich einfach mit dem Taxi oder der U-Bahn zur Ecke Passeig de García und Carrer D'Arrago bringen (U-Bahn Station Passeig de García). Dort finden Sie den *Manzana de la Discordia*, den sogenannten Zankapfel, ein Häuserblock, in dem sich nebeneinander einige der berühmtesten *Modernisme*-Bauten befinden – wie die Casa Amatller von Josep Puig, die Casa Lleó Morera von Lluís Domènech und die Casa Batlló von Antoni Gaudí.
Die berühmte Casa Milà von Antoni Gaudí befindet sich vier Blocks weiter nördlich auf dem Passeig de García. Nehmen Sie alle Kräfte zusammen und wandern Sie hinauf an den prächtigen Fassaden und Straßenlaternen vorbei.
Die von 1906 bis 1910 erbaute Casa Milà ist Barcelonas wichtigste architektonische Sehenswürdigkeit und Gaudís letztes Werk, bevor er sich nur noch der Sagrada Família widmete. Sie bricht mit allen damals gängigen Konventionen und löste eine Welle der Empörung aus. Das achtstöckige Gebäude ist um zwei Innenhöfe gebaut und besitzt die erste Tiefgarage Barcelonas.
Alles an der Casa Milà ist rund und geschwungen, im ganzen Haus wird man nicht eine einzige Mauer mit rechtem Winkel finden. Die Wohnung der Familie Milà kann man heute besichtigen, genau wie das spektakuläre Dach, dessen bizarre Kamine zu den meistfotografierten Objekten Barcelonas gehören.

Casa Milà (La Pedrera)
Provenca, 261–265, Barcelona
Tel: 0034 93 4845900
Täglich von 9.00 – 20.00 Uhr

SONNTAG IN UND UM BARCELONA

Der Sonntag gehört in Barcelona der Familie, fast alle Geschäfte und viele Restaurants sind geschlossen. Viele Barcelonesen fahren ans Meer oder in die Berge. Darum sollten auch Sie sich für den Sonntag etwas Besonderes vornehmen. Versuchen Sie nicht alle Sehenswürdigkeiten abzuklappern, sondern steuern Sie lieber ein Ziel an, das Ihnen dafür besonders lange in Erinnerung bleibt.

Bootsfahrt mit den Golondrinas

Der Hafen von Barcelona ist eine Stadt für sich, mit den *Golondrinas* können Sie einen kleinen Teil davon entdecken. Die traditionellen Ausflugsboote sind wichtiger Bestandteil aller Barceloneser Kindheitserinnerungen. Die kleine Flotte lädt ein zu einer 90-minütigen Rundfahrt durch den Alten Hafen und den neuen Olympischen Hafen. Die Boote legen jedoch auch zwischendurch an unterschiedlichen Stellen an, so dass, wer Lust hat, aussteigen und entlang der wunderschönen Hafenmole zu Fuß zurückspazieren kann.

Las Golondrinas
Abfahrt am Alten Hafen, gegenüber dem Columbus Denkmal
Portal de la Pau/Mirador de Colom
Tel: 0034 93 4423106
Abfahrt täglich: 11.30 Uhr, 12.30 Uhr, 15.30 Uhr, 16.30 Uhr, 17.30 Uhr, 18.30 Uhr

Sardana tanzen vor der Kathedrale

Sardana ist der katalanische Nationaltanz, als typischer Volkstanz wird er im Kreis getanzt und besteht aus einer sich wiederholenden Abfolge von langen und kurzen Schritten, Sprüngen und Drehungen. Jeden Sonntag von 12.00 bis 14.00 Uhr treffen sich Barcelonesen jeden Alters zum *Sardana*-Tanzen vor der Kathedrale auf der Plaça de la Catedral. Darunter sind professionelle Tanzgruppen in wunderschönen Kostümen, aber auch Gruppen von Anfängern, die hier ihre ersten Schritte wagen. Machen Sie sich zunächst bei den Profis mit der Grundstruktur des Tanzes vertraut und reihen Sie sich dann bei einer der weniger perfekten Gruppen ein. Mittanzen ist hier ausdrücklich erwünscht, nur Mut, es kostet schließlich nur einen kleinen Augenblick Überwindung, bringt Ihnen aber ein Erlebnis, das Sie sicher niemals vergessen werden.

Zur schönen Aussicht auf den Tibidabo

Um einen Ausflug in die Berge zu machen, muss man Barcelona gar nicht verlassen. Der 500 Meter hohe Hausberg Tibidabo liefert alles, was man für ein kleines alpines Erlebnis braucht, inkl. Zahnradbahn, Aussicht und Raststation. Sie fahren zunächst mit der U-Bahn zur Haltestelle Avinguad del Tibidabo, dort steigen Sie um in die Tramvia blau, Barcelonas historische Straßenbahn, die bringt sie bis zum Peu del Funicular, der Talstation der Zahnradbahn. Und dann geht es gemächlich nach oben. Dort erwartet Sie ein wunderbarer Ausblick, Barcelona und das Meer liegen Ihnen zu Füßen.

MAC BA Museu d'Art Contemporani de Barcelona

Moderne Kunst in Raval

Westlich der Rambles erstreckt sich das ebenfalls gotisch geprägte Raval. Das ehemalige Rotlichtviertel befindet sich im Umbruch. Auch wenn hier noch immer vor Taschendieben gewarnt wird, haben sich in den letzten Jahren viele Galerien angesiedelt. Im Zentrum dieses neuen Kunstquartiers steht das von Richard Meier erbaute MACBA Museu d'Art Contemporani. Der moderne weiße Block bildet einen spannenden Kontrast zu den umliegenden Gebäuden. In diesem Museum für zeitgenössische Kunst findet sich eine umfangreiche Sammlung mit Werken des Zwanzigsten Jahrhunderts.
Gleich nebenan liegt die Casa de la Varita, ein im 14. Jahrhundert erbautes riesiges Krankenhaus, das heute Barcelonas wichtigstes Kulturzentrum ist. Hinter den alten Mauern verbirgt sich ein moderner architektonischer Kern mit einem schönen Innenhof. Auf einer der Marmorbänke sitzend kann man beobachten, wie sich hoch oben in den Scheiben des verglasten Gebäudes das Meer und der Hafen spiegeln.

MACBA
Plaça dels Angels, 1, Barcelona
Tel: 0034 93 4120810
www.macba.es
Montag, Mittwoch – Freitag
11.00 – 19.30 Uhr, Samstag
10.00 Uhr – 20.00 Uhr, Sonn- und
Feiertag 10.00 – 15.00 Uhr,
Dienstag geschlossen

CCCB
Carrer Montalegre, 5, Barcelona
Tel: 0034 93 3064100
www.cccb.org
Dienstag – Sonntag 11.00 – 22.00 Uhr,
Donnerstag bis 22.00 Uhr

CCCB

Schlemmen unter Einheimischen

Sie sehnen sich nach einer Pause vom Trubel der Großstadt? Dann fahren Sie nach El Poble Nou, 10 min. von der In-

nenstadt mit dem Taxi entfernt jenseits von Barceloneta und dem Olympiadorf.
In dem ehemaligen Industrie- und Handwerkerviertel entstehen zurzeit viele neue Restaurants, Künstlerateliers und Designbüros, dennoch gibt es hier auch noch ruhige Plätze, an denen man sich wie in einem kleinen spanischen Dorf fühlen kann. So die versteckte Plaça Prim mit dem Restaurant Els Pescadors. Hier sitzt man bei schönem Wetter unter einem uralten Baum, zwischen Leuten aus dem Viertel, die wunderbare Fischgerichte genießen. Die Spezialität sind sechs Variationen vom *Bacalao* (Stockfisch), die auf Nachfrage auch in kleinen Portionen probiert werden können.

Els Pescadors
Plaça Prim, 1, Barcelona
Tel: 0034 93 2252018
www.elspescadors.com
Täglich 13.00 – 15.45 Uhr und
20.00 – 23.30 Uhr

Nach dem Pescadors sollten Sie zum Eisschlemmen in die alte Eisdiele El Tio Che gehen, Treffpunkt von Jung und Alt. Hier drinkt man auch *Horxata*, eine eiskalt servierte und herrlich erfrischende Erdmandelmilch.

El Tio Che, Rambla del Poble Nou,
44–46, Barcelona
Tel: 0034 93 3091872
Im Sommer: Sonntag – Donnerstag
10.00 – 19.00 Uhr, Freitag und
Samstag 10.00 – 2.00 Uhr

Der Strand in der Stadt

Am Sonntag zieht es die Barcelonesen an den Strand und der liegt praktischerweise mitten in der Stadt. Für die Olympiade 1992 wurden die Strände Barcelonas gründlich gereinigt, erweitert und teilweise neu angelegt. Heute sind es insgesamt 4 km weißer Strand, der zum Baden oder Flanieren einlädt. Natürlich sind diese Strände am Wochenende voller Sonnenanbeter, Einsamkeit sucht man hier vergeblich, dafür findet man aber ein schier unerschöpfliches Unterhaltungsprogramm, das einem kostenlos von den anderen Badegästen dargeboten wird. Bleiben Sie am besten gleich am ersten Strandabschnitt Barceloneta, setzen Sie sich an eine der Strandbars, bestellen Sie sich einen kühlen Aperitif und genießen Sie das Schauspiel, das sich Ihnen bietet. Wenn der erste Hunger aufkommt, empfehlen wir Ihnen einen Streifzug durch die umliegenden Tapas Bars des gleichnamigen Hafenviertels Barceloneta, probieren Sie sich ruhig durch und bleiben Sie, wo es Ihnen gefällt.

Auf zum Montjuïc

Das ideale Nachmittagsprogramm nach einem Vormittag am Strand. Die Seilbahn, die den Hafen mit dem 213 Meter hohen Montjuïc verbindet, startet am Torre de San Sebastian. Der Berg, der scheinbar nur zum Vergnügen da ist, wurde anlässlich der Weltausstellung 1929 erschlossen. Heute erstreckt sich hier ein wunderbarer Park, mit herrlichen Aussichten, phantastischen Museen und einem Freilichttheater.

Wenn Sie sich für mittelalterliche Kunst interessieren, besuchen Sie unbedingt das Museu Nacional d'Art de Catalunya. Es enthält die größte Sammlung mittelalterlicher Fresken, von ihnen ließ sich auch Joan Miró inspirieren, sein Werk können Sie ganz in der Nähe in der Fundació Miró bewundern. Der klare moderne Bau beherbergt das komplette Werk von Miró und ist Raum für Raum von natürlichem Licht durchflutet. Kunst, Architektur und die Atmosphäre des Montjuïc werden so zum besonderen Erlebnis. Oder Sie steuern direkt den Pavelló Mies van der Rohe an, ein Nachbau des anlässlich der Weltausstellung entstandenen Bauhaus-Pavillons. Er enthält selbstverständlich auch den zu diesem Anlass entworfenen Barcelona-Stuhl.

AUSFLUG ANS MEER

Nur 40 Minuten mit dem Zug entfernt liegt die kleine Stadt Sitges direkt am Meer. Die perfekte Mischung aus allem, was die Barcelonesen lieben, eine schöne Altstadt mit verwinkelten Gassen und netten kleinen Läden, schöne breite Strände und eine lange Promenade mit erstklassigen Restaurants, auf deren Terrassen man fangfrischen Fisch essen kann. Am Passeig de la Ribera reiht sich ein Restaurant an das andere, besonders zu empfehlen sind Cal Pinxo, El Velero und Mare Nostrum. Kein Wunder, dass sich die Fußballstars von FC Barcelona und viele andere Sitges als Wohnsitz gewählt haben. Alle Vorteile von Barcelona ohne den Stress und den Verkehr. Wir könnten verstehen, wenn Sie hier länger bleiben würden und möchten Ihnen für diesen Fall das schöne Strandhaus Salon Barcelona wärmstens empfehlen. Dann hätten Sie auch Zeit das Museu Cau Ferrat zu besuchen, es zeigt eine Privatsammlung spanischer Künstler wie Rusiñol, Ramón Casas, El Greco, Zuloaga und Picasso und ist in einer wunderschönen alten Villa untergebracht.

Joan Miró

Die Gegensätzlichkeit von *Rauxa y Seny* zeigt sich auch im Werdegang des großen katalanischen Künstlers Joan Miró. Sein Vater, ein Juwelier und Uhrmacher, hatte das Leben seines Sohnes bereits ganz genau geplant. Solide sollte es werden und ordentlich, darum zwang er den Jungen zu einer Ausbildung an der Handelsschule. Joan der sich zu etwas ganz anderem berufen fühlte, nahm parallel Kunstunterricht. Widerstrebend begann er 1910 dem Willen des Vaters entsprechend als Buchhalter zu arbeiten, doch seine Phantasie, Kreativität und der Wille nach Veränderung, kurz *Rauxa*, waren stärker als er. Miró machte die Arbeit im Büro krank, er erlitt einen schweren körperlichen Zusammenbruch und endlich sah auch der Vater ein, dass sein Sohn zu etwas anderem geboren war. Nachdem sich Miró erholt hatte, schrieb er sich an der Academia Gali ein, die er nach drei Jahren verließ, um als freier Künstler zu arbeiten. Dabei wurde er stark von den französischen Kubisten beeinflusst und zog schließlich nach Paris. Dort lernte er Max Ernst und Wassily Kandinsky kennen. Auch sie prägen sein Werk. Im Laufe der folgenden Jahre entwickelte Miró nicht nur eine vollkommen eigene Welt aus surrealen Zeichen und Formen, sondern arbeitete auch verstärkt mit Collagen und später auch Keramiken. Die politische Situation in Spanien und der Ausbruch des spanischen Bürgerkriegs veranlassten den Künstler dazu, zahlreiche politische Plakate zu entwerfen. Bis 1940 blieb er im freiwilligen Exil in der Normandie, 1940 kehrte er zunächst nach Barcelona zurück und ließ sich schließlich in der Heimat seiner Frau auf Mallorca nieder. In der Fundació Miró in Palma de Mallorca kann man sein ehemaliges Wohnhaus und Atelier besichtigen. Auf dem Monjuïc in Barcelona gibt es eine weitere Fundació Miró, ein lichtdurchflutetes Museum, das von Mirós Freund, dem Architekten Josep Lluís Sert, entworfen wurde. Es wurde 1973 eröffnet und zeigt Leben und Werk des großen Surrealisten.

Fundació Joan Miró
Parc de Montjuïc, Barcelona
Tel: 0034 93 4439470
www.bcn.fjmiro.es
Dienstag – Samstag 10.00 – 19.00 Uhr,
Donnerstag bis 21.30 Uhr, Sonntag
10.00 – 14.30 Uhr, Montag geschlossen

Pablo Picasso

Auch wenn er kein gebürtiger Barcelonese ist, so sind Picasso und Barcelona doch untrennbar miteinander verbunden. Picasso wurde in Malaga geboren und kam mit 14 Jahren nach Barcelona. Sei Vater unterrichtete an der hiesigen Kunstakademie, wo auch Picasso studierte. Von Anfang an galt er als sagenhaftes Talent. Die Familie wohnte im Barri Gòtic unweit des alten Hafens in der Carrer de la Mercè. Picassos Atelier lag auf der anderen Seite der Rambles in der trubeligen Carrer Nou de la Rambla. Die Prostituierten der Carrer d'Avinyó inspirierten ihn zu einem Gemälde Demoiselles d'Avignon – das Bild, mit dem alles begann, das erste kubistische Werk Picassos und der offizielle Beginn der modernen Kunst.

Das Picasso Museum befindet sich heute nur wenige Straßen von diesen geschichtsträchtigen Plätzen entfernt im Viertel Born. Es erstreckt sich über fünf miteinander verbundene mittelalterliche Paläste und wurde 1963 gegründet. Grundstock des Museums war die Sammlung von Jaime Sabartes, Picassos Freund und Privatsekretär.

Picasso, der nach dem spanischen Bürgerkrieg aus Protest gegen das Franco-Regime in Frankreich blieb, war lange gegen dieses Museum in Barcelona gewesen. Erst nach dem Tod seines Freundes Sabartes 1968 gab er sein offizielles Einverständnis und fügte selbst einige Gemälde hinzu. Heute besitzt das Museu Picasso die umfassendste Sammlung seines frühen Schaffens, insgesamt über 3000 Werke, darunter viele Keramiken. Man könnte hier ohne weiteres Tage verbringen, und das Museum für sich ist schon eine Reise nach Barcelona wert.

Museu Picasso
Carrer de Montcada 15–23, Barcelona
Tel: 0034 93 2563000
www.museupicasso.bcn.es
Dienstag – Sonntag 10.00 – 20.00 Uhr,
Montag geschlossen

Antoni Gaudí

Barcelona und das Werk von Antoni Gaudí sind durch und durch miteinander verwoben. Er wurde 1852 als Sohn eines Kesselschmieds geboren. Da er als kleines Kind unter einer rheumatischen Erkrankung litt, war er oft vom Spiel mit anderen Kindern ausgeschlossen, er beschäftigte sich alleine und liebte es Blumen, Blätter und Bäume stundenlang zu beobachten. Diese Liebe zu organischen Formen hat seinen Architektur-Stil und sein ganzes späteres Leben geprägt. Auf Schritt und Tritt begegnet man in Barcelona den Formen Gaudís, nicht nur in den Häusern des Eixample, dem Park Güell und der Sagrada Família, sondern auch im von Gaudí entworfenen floralen Ornament der Pflastersteine oder im Logo der ChupaChup Lollys. Er prägte den *Modernisme*, die katalanische Form des Jugendstils. 1883 beauftragte man den Star der blühenden Barceloneser Architekturszene die ein Jahr zuvor begonnene neogotische Kathedrale Sagrada Família fertigzustellen. Gaudí änderte alle Pläne und begann sein gigantisches Lebensbauwerk, dessen Fertigstellung bis heute nicht abzusehen ist. Der streng gläubige Gaudí investierte all sein Vermögen in den Bau und lebte ab 1914 wie ein Eremit in der Krypta der Kirche. Am 7. Juni 1926 wurde Gaudí auf dem Weg vom allmorgendlichen Besuch im Oratorium des heiligen Philipp Neri zur Baustelle der Sagrada Família von einer Straßenbahn erfasst. Aufgrund seines verwahrlosten Äußeren wurde er zunächst in das Armenkrankenhaus Hospital de la Santa Creu gebracht. Dort starb er drei Tage später. Die ganze Stadt war in tiefer Trauer. Tausende gaben ihm die letzte Ehre. Nachdem die Arbeiten an der Kirche durch den Bürgerkrieg für Jahrzehnte zum Erliegen gekommen waren, wird die Sagrada Família jetzt, finanziert durch öffentliche Spenden, weitergebaut. Gaudí, der von einer unglaublichen Phantasie und kreativen Willenskraft beflügelt war, verbrachte sein Leben keusch wie ein Mönch. Im Jahre 2000 wurde von der römisch-katholischen Kirche ein Seligsprechungsverfahren für ihn eingeleitet.

BUCHTIPP

„Verloren im Labyrinth"
„Die Meere des Südens"
von Manuel Vázquez Montalbán

Montalbán ist einer der profilierten spanischen Autoren der Gegenwart, er hat mit der Figur des Meisterdetektivs José Pepe Carvalho einen Klassiker geschaffen. Carvalho tritt in seinen Kriminalromanen als Privatdetektiv, Ex-Kommunist, Ex-CIA-Agent und Feinschmecker auf. Charakteristisch für Carvalho ist seine Liebe zur gehobenen Küche, verbunden mit übermäßigem Weinkonsum sowie sein Zynismus oder die Gewohnheit, nach und nach seinen Buchbestand im Kaminfeuer zu verheizen. Sein Büro unterhält Carvalho direkt an den Rambles im Herzen Barcelonas, sein Wohnsitz liegt leicht außerhalb an den Hängen des Tibidabos von Vallvidera.

FILMTIPP

Alles über meine Mutter,
Pedro Almodovar

Es geht um Frauen, besser gesagt um Menschen, die gerne Frauen wären und um Manuela (Cecilia Roth), die nicht weiß, wie sie ihrem Sohn Estéban beibringen soll, dass sein Vater Transvestit ist. Doch das Schicksal nimmt einen anderen Lauf. An seinem 18. Geburtstag kommt Estéban bei einem Unfall ums Leben. Manuela kehrt nach Barcelona zurück, in die Stadt, die sie vor 18 Jahren fluchtartig verließ. Dort trifft sie in einem Strudel von Ereignissen alte und neue Freunde. Gerade als es scheint, dass Manuelas Leben wieder einen Sinn bekommt, taucht Lola (Toni Canto), Estébans transsexueller Vater, aus dem Nichts auf – ganz in Schwarz wie ein Schatten: der Tod in Person ...

WICHTIGE INFORMATIONEN

Anfahrt:
Mit dem Nahverkehrszug vom Bahnhof Barcelona Sants. Nr. 2 der Renfe Rodalíes in Richtung St. V de Calders.

Restaurant-Tipps:
Cal Pinxo, Passeig de la Ribera, 5, Sitges
Tel: 0034 93 8948637
Modern und frisch. Spezialität:
Fideuás, Arroz und Fisch

Mare Nostrum
Passeig de la Ribera, 60, Sitges
Tel: 0034 93 8943393
Modern mit großer Terrasse
Spezialität: Fideuás, Arroz und Fisch

El Velero
Passeig de la Ribera 38, Sitges
Tel: 0034 93 8942051
Traditionell, gediegen
Spezialität: Fideuás, Arroz und Fisch

Museum:
Museu Cau Ferrat
Carrer Fonollar, Sitges
Tel: 0034 93 894036

Apartment-Tipp:
Salon Barcelona
Telefon: 0034 600 842921 (Lenn) oder 0034 600 802545 (Roland)
Email: info@salonbarcelona.com
Internet: www.salonbarcelona.com, ab 150 Euro. In dem schönen Strandhaus im marokkanischen Stil mit direktem Blick auf das Meer logiert man wie ein privater Gast.

Tourist office:
Turisme de Barcelona
Plaça de Catalunya, 17 Untergeschoss
Öffnungszeiten:
Montag – Samstag 10.00 – 19.00 Uhr,
Sonntag 10.00 – 14.00 Uhr

City Websites:
www.bcn.es
www.barcelona.com

Telefonieren:
Spanien: 0034
Barcelona: 93

Transport Flughafen:
El Prat: mit dem Taxi ca. 20–30 min./ca. 25 Euro
Bus zum Plaça Catalunya:
ca. 40 min./ca. 5 Euro

Taxiruf:
0034 93 3300300
0034 93 4331020

Fahrrad ausleihen:
Un cotxe menys
Carrer de l´Espartería, 3
Tel: 0034 93 2682105

Al punt de trobada
Carrer Badajoz, 24
Tel: 0034 93 2250585

Stadtmagazin:
Guia del Ocio
B-Guided

MEIN PERFEKTES WOCHENENDE

Freitag:

Samstag:

Sonntag:

DO SOMETHING YOU HAVE NEVER DONE BEFORE

Der FC Barcelona ist mehr als ein Fußball-Club. Er ist Religion, Partei und Familie in einem. Im Camp Nou-Stadion schlägt das Herz der Barcelonesen und eines Großteils der Fußballwelt. Auch wenn Sie kein Fußball-Fan sind, sollten Sie sich dieses einzigartige Erlebnis nicht entgehen lassen, an einem Ort, wo Spieler wie Ronaldinho Millionen von Menschen in tiefste Verzweiflung und zu Gipfeln des Glückes führen. Das Camp Nou fasst 98 000 Zuschauer und ist durchschnittlich zu 88% ausverkauft. Das ist beeindruckend, zeigt aber auch, dass für jedes Spiel noch genügend Tickets frei sind, sei es spontan erworben oder sicherheitshalber im Voraus übers Internet gebucht.

Camp Nou
Aristides Maillol
Tel: 0034 93 4963600
www.fcbarcelona.com

Tickets 0034 902 33 22 11
www.servicaixa.com
www.barcelona-football-tickets.com

NOTIZEN

NOTIZEN

NOTIZEN

NOTIZEN

NOTIZEN

NOTIZEN

NOTIZEN

GUTSCHEIN FÜR EINE PROBEMITGLIEDSCHAFT

Die Buchreihe „Ein perfektes Wochenende in…" wird herausgegeben vom Online-Cityguide www.smart-travelling.net. Hier finden Sie viele weitere ungewöhnliche Adressen für über 25 europäische Städte. Tipps für Shops, Galerien, Hotels, Snacks und Restaurants. Smart Travelling zeigt nicht alles und jedes, sondern sucht nach dem Authentischen und Besonderen, nach Orten, die das Flair einer Stadt ausmachen und uns immer wieder empfangen wie ein guter Freund.

Werden Sie bei unserem Online-Cityreiseguide www.smart-travelling.net kostenlos Probemitglied. Klicken Sie auf den ersten Schlüsselbutton (Gutschein einlösen) der Homepage und geben Sie im Schritt 2 das folgende Passwort ein:

BA20071-3x897c

☞ www.smart-travelling.net